Avestruces

Grace Hansen

ESPECIES EXTRAORDINARIAS

abdopublishing.com

Published by Abdo Kids, a division of ABDO, PO Box 398166, Minneapolis, Minnesota 55439.

Copyright © 2017 by Abdo Consulting Group, Inc. International copyrights reserved in all countries. No part of this book may be reproduced in any form without written permission from the publisher.

Printed in the United States of America, North Mankato, Minnesota.

102016

012017

THIS BOOK CONTAINS RECYCLED MATERIALS

Spanish Translator: Maria Puchol

Photo Credits: iStock, Shutterstock

Production Contributors: Teddy Borth, Jennie Forsberg, Grace Hansen

Design Contributors: Laura Mitchell, Dorothy Toth

Publisher's Cataloging-in-Publication Data

Names: Hansen, Grace, author.

Title: Avestruces / by Grace Hansen.

Other titles: Ostriches. Spanish

Description: Minneapolis, MN : Abdo Kids, 2017. | Series: Especies
   extraordinarias | Includes bibliographical references and index.

Identifiers: LCCN 2016947991 | ISBN 9781624026973 (lib. bdg.) |
   ISBN 9781624029219 (ebook)

Subjects: LCSH: Ostriches--Juvenile literature. | Spanish language
   materials--Juvenile literature.

Classification: DDC 598.5--dc23

LC record available at http://lccn.loc.gov/2016947991

Contenido

¡Aves gigantes!. 4

Cuerpo. 10

Huevos y polluelos 18

Más datos 22

Glosario. 23

Índice. 24

Código Abdo Kids. 24

¡Aves gigantes!

El avestruz es la **especie** de ave más grande que existe. Le sigue en tamaño el emú.

emú   avestruz   5

Los avestruces pueden medir hasta 9 pies (2.7 m) de alto. Son más altos que un jugador de baloncesto profesional.

9 pies

6 pies
8 pulgadas

Un avestruz puede pesar entre 200 y 300 libras (de 91 a 136 kg). ¡Casi como un oso panda!

Cuerpo

El cuello de los avestruces es largo. Tienen dos ojos grandes. Sus ojos son los más grandes de todos los animales terrestres.

Las piernas del avestruz son largas y fuertes. Le sirven para correr rápido. ¡Puede correr a 40 millas por hora (64 km/h)!

Tienen dos dedos en cada pie.
En los dedos delanteros tienen
garras largas y afiladas. El
avestruz las usa para defenderse
de los depredadores.

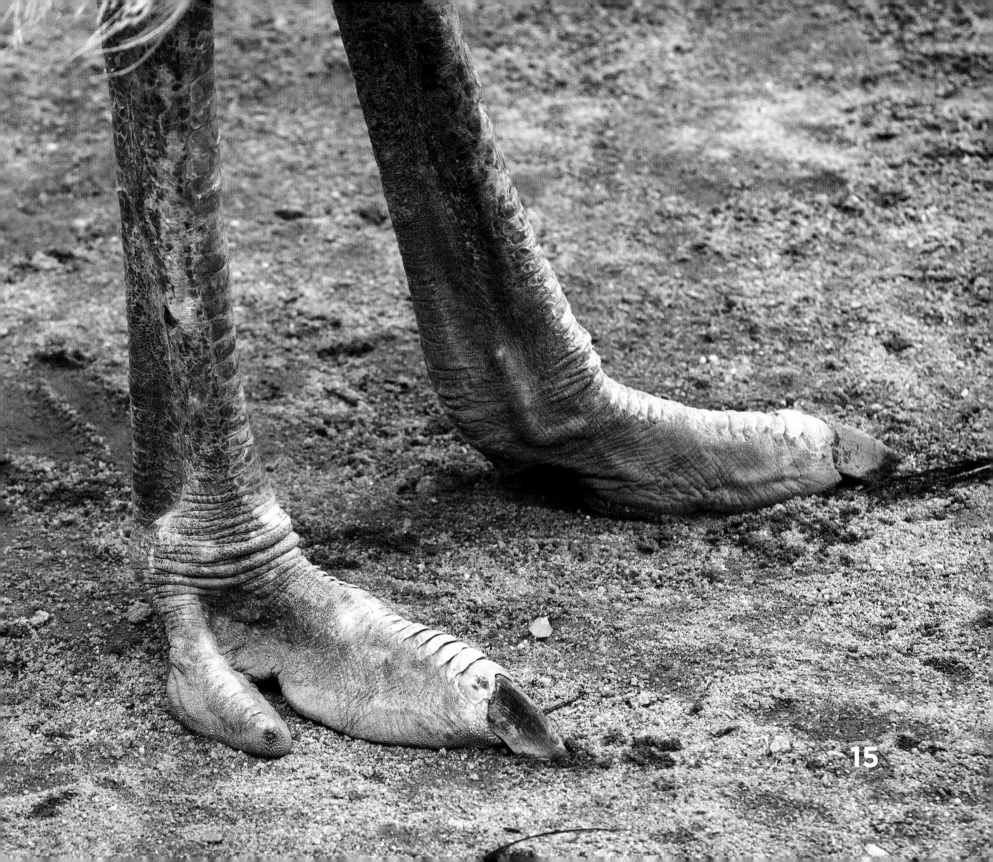

Los avestruces no pueden volar.

Sus alas son demasiado cortas

para volar pero tienen otro uso.

Les sirven para **mantener el**

equilibrio y girar cuando corren.

16

17

Huevos y polluelos

¡Los huevos de los avestruces son enormes! Un huevo de avestruz pesa lo mismo que 24 huevos de gallina.

Los **polluelos** de avestruz también son grandes. Un polluelo recién nacido mide lo mismo que un pollo adulto. A los seis meses ya miden lo mismo que sus padres.

pollo   **avestruz**

Más datos

- Los avestruces están cubiertos de muchas plumas suaves. Los machos tienen las plumas de color blanco y negro. Las hembras tienen las plumas de color café.

- ¡A los 30 días los **polluelos** pueden correr casi a 30 millas por hora (48 km/h)!

- El avestruz puede avanzar mucha distancia cuando corre. ¡Un paso puede medir de 10 a 16 pies (de 3 a 4.9 m) de largo!

Glosario

depredador – animal que caza y come otros animales para subsistir.

especie – grupo específico de animales con similitudes entre ellos y capacidad de reproducirse.

mantener el equilibrio – moverse sin perder control ni caer.

polluelo – cría de ave.

23

Índice

alas 16

altura 6

correr 12, 16

cuello 10

dedos de los pies 14

depredador 14

emú 4

garras 14

huevo 18

ojos 10

oso panda 8

patas 12

peso 8, 18

pie 14

pollo 20

polluelo 20

tamaño 4, 10, 18, 20

velocidad 12

abdokids.com

¡Usa este código para entrar en abdokids.com y tener acceso a juegos, arte, videos y mucho más!

Código Abdo Kids:
SOK5475